Reimschauen lohnt sich

FSC
www.fsc.org
MIX
Papier aus ver-
antwortungsvollen
Quellen
Paper from
responsible sources
FSC® C105338

Autor: Reinhard Clement

Reimschauen lohnt sich

Gedichte für die Lach- und Schmunzelmuskeln

Bibliografische Information der Deutschen National-bibliothek:
Die Deutsche Nationalbibliothek verzeichnet diese Publikation in der Deutschen Nationalbibliografie; detaillierte bibliografische Daten sind im Internet über http://dnb.dnb.de abrufbar.

© *2019* **Reinhard Clement**

Herstellung und Verlag:
BoD – Books on Demand, Norderstedt

ISBN: 978-3-7357-9244-0

Inhaltsverzeichnis

Rauf nach Süden, runter nach Norden. 10

Reisegepäck 11

Cuxhaven 12

Im Krankenhaus 12

Houston, wir haben ein Problem 12

Alte Leute 13

Blasentee 14

Digitalwaage 15

Wo ist mein Hemd? 15

Exakt 733 16

Luxus pur 18

Girokonto 19

Künstliche Intelligenz 20

Ist das Hundeliebe? 20

Tanzverbot 21

Karfreitag 21

Ortsnamen in Bayern 21

Schwarzbrot 22

Altes Nonnengeschlecht. 23

Gedächtnistraining 23

Liebst du mich noch? 24

Würdevoll 24

Wie man's nimmt 25

Zwölfter Hochzeitstag 26

Geburtsanzeige 26

Ultraschall-Zahnreinigung 27

Tünnes und Schäl 28

Unisex 28

Mein Name ist… 28

Kreuze in Bayern 29

Mein Vetter ist immer dabei 30

Wunschzettel 31

Die Stewardess gratuliert 32

Datenschutz-Grundverordnung 32

Testaments-Eröffnung 33

Vor der Metzgertheke 33

Karrieresprung 34

Männer in den besten Jahren 34

Mein lieber Schwan 35

Wolf 36

Liebe ohne „R" 37

Gauner stellt sich 37

Dieselskandal 38

Brüsten 38

Beinahe einen ausgegeben................................... 39

Der Vogel zwischen U und W 39

Apfel mit Schale 40

Umfangreiches Buffet 40

Kopieren vor Jahrzehnten 41

Zur Hochzeit 41

Veilchen 42

Harmonische Ehe... 43

Gästehandtuch 43

Fieberthermometer 44

Kreuzschmerzen 45

Polizeihund 45

Küchenmixmaschine... 45

Kiss & Ride 46

Sonntags staubsaugen... 46

Beim Ohrenarzt... 47

Handysucht 47

Ostfriesischer Landwirt 48

Blondinen.. 48

Da ist der Wurm drin 49

Nachdenklich im Zoo 50

Klappentext 50

Wildschweinbraten 51

Das beste Netz 52

Gespräch unter Trinkern 53

Autokino 53

Gemenscht 53

Mobilfunklöcher 54

Junges Reh in der Kita 55

Schwarzer Rasierer 55

Kleiderbügel 55

Personalausweis 56

Aufgesessen 57

Vorwortspiel

Auch ich habe immer wieder erzählt, dass ich am Wochenende „oben in Hamburg" war, oder dass ich zum Urlaub „runter nach Garmisch-Partenkirchen" gefahren bin. Das sind Redensarten, die vielen Menschen sehr leicht „über die Zunge rutschen". Bei genauerem Hinsehen wird jedoch klar, dass jemand, der auf etwa 300 Meter Höhe wohnt, nicht „rauf", sondern „runter" fährt, um nach Hamburg zu gelangen. Das erste Gedicht widmet sich diesem Thema mit einem Augenzwinkern.

Und nun wünsche ich Ihnen viel Vergnügen mit meinen Reimen.

Rauf nach Süden, runter nach Norden.

Es ist schon Tradition geworden.
Die einen, die ziehts „rauf" nach Norden,
die andren fahren flink und munter
zum Urlaub in die Alpen „runter"

nach Berchtesgaden oder Füssen.
Dort „unten" wird man nichts vermissen,
wenn zeitgleich an der Nordsee „oben"
die Reisenden die Seeluft loben.

Doch ist das richtig? Unten? Oben?
In Wuppertal ist das verschoben.
Ich wohn auf Wuppertaler Höhen,
bei **uns** muss man das anders sehen.

Drum fahr ich **runter** nach Sankt Peter
von dreihundertundsieben Meter
nach **unten** bis zum Meeresspiegel.
Und darauf geb ich Brief und Siegel.

Rauf nach Süden, Fortsetzung

Auch **das** wird man mir glauben müssen:
Von Wuppertal gehts **rauf** nach Füssen
bis achthundert und ein paar Meter,
da hilft auch kein Herumgezeter.

Von Wuppertal, da fährt man munter
nach Süden **rauf**, nach Norden **runter**.
Ob etwas hoch ist, oder tief,
bei uns, da ist das rela-tief.
Oder rela-hoch?

Reisegepäck

Wie **ra**send zogen die Jahre vorbei,
und **vor**ne steht jetzt die Sieben.
E**gal** wie's ist und wie es auch sei
es **sind** die Träume geblieben.

Noch **ein**mal dieses Gefühl als Tourist,
noch **ei**ne Fahrt nach Malente.
Und **dass** mein Reisegepäck schwerer ist
als meine Medikamente.

Cuxhaven

Statt den Urlaub zu verschlafen
kommsse bei uns, kucksse Hafen.

Im Krankenhaus

Die Tür ging auf, ein Mann stand drin,
der fragte mich, wie groß ich bin.
War das der Doktor? Niemals, nein.
Das konnte nur der Schreiner sein.

Houston, wir haben ein Problem

Erkältung zog von Haus zu Haus,
Bronchitis machte den Garaus.
Das Atmen fiel den Leuten schwer,
die Krankenkassen wurden leer.

Es rief der Chef der AOK:
Der Pleitegeier ist bald da.
Wirklich, der Ausspruch kam von dem.
Husten, - wir haben ein Problem.

Alte Leute

Mit siebzig schau ich in den Spiegel,
das Resultat verleiht mir Flügel.
Die Augen sind noch nicht gerändert
und mein Gesicht ist unverändert.

Doch plagt mich seit geraumer Weile
'ne fürchterliche Langeweile.
Und meine Frau beginnt zu nerven:
„Mann, tu dich in den Mantel werfen.

Was hast du hier im Haus verloren?
Geh doch ins Clubheim für Senioren."
„Bist du des Wahnsinns fette Beute?
Dort treffe ich nur alte Leute."

Der Jürgen Meier aus dem Norden,
der ist ein alter Mann geworden.
Und Heinz und Ulli von der Ecke,
die beiden sind jetzt alte Säcke.

Alte Leute, Fortsetzung

Und diese dürre aus dem Büdchen,
verflixt, wie heißt sie? Müllers Friedchen.
Entsetzlich wie die aussieht (Komma),
gekleidet wie 'ne alte Oma.

Mein Schatz, ich geb dir Brief und Siegel,
da steh ich lieber vor dem Spiegel,
betrachte mich in aller Stille.
Zum Teufel! – Wo ist meine Brille?

Naja, ich lass sie gerne liegen,
um mich in Sicherheit zu wiegen.
Will sorgenfrei durchs Leben wandern,
denn alt sind immer nur die andern.

Blasentee

Ich trinke viel zu heißen Tee
muss ständig blasen, sonst tut's weh.
Bis ich's dann auf der Packung seh:
Na klar, der heißt auch Blasentee.

Digitalwaage

Bin ich zu dick? Das bin ich nicht,
ich habe Idealgewicht.
Das sagt die Waage meiner Wahl,
sie misst natürlich digital.

Ich kann im Display - das ist schön –
zwei Stellen hinterm Komma sehn.
Noch heute Morgen wog ich fleißig,
wog **sechzigkommaneununddreißig,**

Ich sag es ohne viel Tamtam,
bin schlank und kerngesund.
Nur ganze **sechzig** Kilogramm
und **neununddreißig** Pfund.

Wo ist mein Hemd?

Mach ich den Oberkörper frei,
dann fühl ich mich nicht wohl dabei.
Dann bin ich einerseits verklemmt,
doch Brust und Bauch sind ganz enthemd.

Exakt 733

Vor Jahren war das Wiegen schwer.
Der Zeiger zeigte ungefähr
wie viele Pfund das Hackfleisch wog.
Die Waagen war'n noch analog.

Die Kauffrau rechnete im Kopf
was später kam in meinen Topf.
Und meist fiel ihr die Frage ein:
Oh, darf es etwas mehr heut sein?

Doch das war anno dazumal,
denn heut sind Waagen digital.
Was immer man so kocht und backt,
ich will es heute ganz exakt.

Kauf' nicht in Kilo und in Pfund.
Gewichtsangaben sind nicht rund.
Wie viel Gramm exakt das weiß ich:
„Siebenhundertdreiunddreißig."

Exakt 733, Fortsetzung

Dann wird geflüstert um mich her:
„Wo hat er das Rezept denn her?"
Doch siehe da, sie ist bemüht.
Es geht auch anders, wie man sieht.

Sofort wird Gramm für Gramm bewegt,
wird zu- und wieder weggelegt.
Dann gelingt es, sie war fleißig:
Siebenhundertdreiunddreißig!

Denn an der Theke diese Frau
sie nahm es heute sehr genau.
Ich lud sie ein, auf ein' Kaffee.
„Mit Zucker? Milch? Café au lait?"

„**Ganz** wenig **Milch**", so sprach sie bitter,
„einskommasieben Zentiliter".

Luxus pur

Ich schau mich um und flippe aus
im Nobel-Sanitärfachhaus,
und staune sehr, was ich da seh:
Ein Luxus- und Komfort-WC.

Mit allem, was man haben muss,
sogar mit mp3-Anschluss.
Mit Sitzbeheizung, einstellbar,
und Automatik, wunderbar.

Die Automatik sieht dich gleich,
Erkenn-Funktion im Nahbereich.
Für vier Benutzer sind sogar
Profile wähl- und speicherbar.

Ob „Numi" oder „Geberit"
mit Aquaclean, das Ding denkt mit.
Am Ende wirst du sanft verwöhnt
und kriegst den Auspuff noch geföhnt.

Luxus, Fortsetzng

Wozu das Ganze, muss das sein?
Nur fürs Geschäft, ob groß, ob klein?
Zu diesem Luxus sag ich barsch:
Das ist doch alles für den…

Arme Leute können sich das gar nicht leisten.

Girokonto

Die Banken sind zum Glück verschieden,
ich suche mir 'ne andre Bank.
Mit meiner bin ich nicht zufrieden,
sie ist so schlecht, das macht mich krank.

Doch nun werd ich gefragt am Schalter,
warum ich nicht zufrieden war.
Das kann ich gerne sagen, Alter:
„Weil stets zu wenig Geld drauf war."

Künstliche Intelligenz

Mehr künstliche Intelligenz
ist das Gebot der Stunde.
Selbst in der großen Politik
ist sie in aller Munde. (*im Mund?*)

Bei manchem taucht die Frage auf,
und zwar die ganz banale:
Was will der mit der Künstlichen?
Dem fehlt schon die Normale.

Ist das Hundeliebe?

Wie mancher andre Hundehalter
versucht mein Nachbar Friedrich-Walter
mit seinen Sprachkommando-Klängen
sein Hündchen in die Luft zu sprengen,
und zwar mit diesem kurzen Satz:
„**Platz!**"

Tanzverbot

Karfreitag gibt es Tanzverbot,
den tanzenden ein Bußgeld droht.
Die Leute schimpfen, fluchen, flennen,
auch die, die gar nicht tanzen können.

Karfreitag

Es ist ein stiller Feiertag,
was immer das auch heißen mag.
Ich werde tief in mich versinken
und nur ein Stilles Wasser trinken.

Ortsnamen in Bayern

Einst wollte er mal Ruhm ERLANGEN,
inzwischen hat der Mann FEUCHTWANGEN.
Bevor dann dieser Mann verschied,
der Pfarrer ihm zur BIEBELRIED (Bibel riet).

Schwarzbrot

Behauptet wird's mit Vehemenz.
Laut BILD an Ruhr und Rhein
ist Schwarzbrot gut für die Potenz.
Das kann die Lösung sein.

Der Malte fängt in seiner Not
das Schwarzbrotessen an.
Er überlegt, ob er das Brot
auf Vorrat kaufen kann.

Ein Wochenvorrat wäre toll,
er schreckt vor nichts zurück.
Die Bäckerei ist brechend voll.
„Ich hätt gern sieben Stück."

Und plötzlich ist es totenstill,
die Köpfe drehn sich um.
Dass jemand so viel Schwarzbrot will,
das klingt verrückt und dumm.

„Was willst du? Schwarzbrot? Sieben Stück?
Dir wird die Hälfte hart."
„Okay, dann nehm ich vierzehn Stück,
mir bleibt auch nichts erspart."

Altes Nonnengeschlecht.

Sie ist aus Überzeugung Nonne.
Sie strahlt mich an und sagt voll Wonne:
„Ma**ma** und Großmama Ivonne,
die beiden waren auch schon Nonne".

Gedächtnistraining

Ich mach mit Heinz und Kurt und Henning
seit kurzer Zeit Gedächtnistraining.
Wir Männer machen das, wir alten,
um unsre Birne fit zu halten.

Wir wollen unser Schicksal lenken,
drum treffen wir uns dort zum Denken.
Und das ist hart, es ist kein Schon-Tag.
Wir treffen und dort jeden…

Wann war das nochmal?

Liebst du mich noch?

Sie will ihn immer wieder hören,
den schönen Satz „ich liebe dich".
Stets soll er neu die Treue schwören,
noch heute fragt sie: „Liebst du mich?"

Er schaut sie an und spricht verwundert,
warum so ängstlich, so verzagt?
Ich hab's im zwanzigsten Jahrhundert
zur Hochzeit damals dir gesagt.

„Ich will mit Dir durchs Leben schlendern,
ich liebe dich", so sprach ich dort.
Und sollte sich der Status ändern,
dann informier ich dich sofort.

Würdevoll

Den Wein, den trink ich würdevoll,
ich hätt sonst Angst, ich würde voll.

Wie man's nimmt

Es gab zum Bundestag die Wahl,
doch keine Mehrheit, welche Qual.
Und viele Wochen – welch ein Hohn –
gabs keine Ko-a-li-ti-on.

Zu lange wurde nur sondiert,
mit hohlen Phrasen diskutiert.
Doch mehr war vorerst nicht passiert,
pro forma wurd das Land regiert.

Doch dann kam ein Dezembertag
mit Mehrheitsfindung ohne Plag.
Man hat erkannt, dass Einigkeit
viel besser ist, als Zank und Streit,

Man hat bewiesen, dass es geht.
und die Diäten flott erhöht.
Das war perfekte Einigkeit.
Die Presse stand vorm Haus bereit.

Sie stellen diese Fragen stets:
Wie war's im Parlament? Wie geht's?
Die Antwort, sie klang unbestimmt:
Wie soll es gehen? Wie man's nimmt.

Zwölfter Hochzeitstag

Ach Liebling, hör was ich dir sag:
Heut ist der zwölfte Hochzeitstag.
Drum sollten wir uns heut nicht zieren
und uns mal richtig amüsieren.

Ich freu mich, sagt die Frau darauf,
doch bitte achte diesmal drauf
und schließe nicht von innen zu.
Zuerst zu Haus bist sicher du.

Geburtsanzeige

Per Zeitungsannonce wird es genannt,
man gibt die Geburt des Kindes bekannt.
„Das Hoffen und Warten hat sich gelohnt.
Wir danken dem Herrn, der über uns wohnt".

Woran denken Sie jetzt?

Ultraschall-Zahnreinigung
oder
Die Zeiten ändern sich

Modernste Technik steckt überall
im Haushalt bei Wilfred Krause.
Auch Zähne baden in Ultraschall,
genießen schonende Brause.

An jedem Abend kommt sein Gebiss
in diese Wundermaschine.
Gereinigt wird es, das ist gewiss,
tagtäglich Standard-Routine.

Danach hilft Wilfred auch seinem Schatz
und badet ihre Prothesen.
Im Herzen hat sie den ersten Platz.
So ist's schon damals gewesen.

Die Zeiten ändern sich, das ist doof,
was reimend hier ich erwähne.
Vor Jahren machte er ihr den Hof,
und heute nur noch die Zähne.

Tünnes und Schäl

Der Tünnes als Kartoffel-Esser,
der schält mit dem Spezial-Schälmesser.
Was ist mit Schäl? Macht der es besser?
Nimmt der vielleicht ein Tünnesmesser?

Unisex

Liebt sich einzig permanent
nur Studentin und Student
macht mich das total perplex.
Sowas nennt man Unisex.

Mein Name ist…

Es fragte mich die junge Dame:
„Mein Herr, wie **war** nochmal Ihr Name?"
Ich reagierte, kontra gebend:
„Mein Name **war?** - Noch bin ich lebend."

Kreuze in Bayern

Eigentlich wird's immer blöder,
denn in Bayern dieser Söder
will Kreuze öffentlich platzieren,
um seine Wahl nicht zu verlieren.

Uns allen hier tut das nicht weh,
wir haben längst in NRW
an jeder Ecke schon ein Kreuz
von Recklinghausen bis Köln-Deutz.

Ob Leverkusen oder Kamen,
ob Kaiserberg und andre Namen,
auch Herne, Kaarst und Jackerath,
wir ham (haben) genug von dem Salat.

Wer's stau-frei schafft mit seinem Wagen,
der kann danach drei Kreuze schlagen.

Das folgende Gedicht ist weniger zum Lesen als zum Hören geeignet. Für den Zuhörer ist es nämlich egal, ob ich Vetter mit „F" oder mit „V" geschrieben habe. Er wird sowieso auf die falsche Fährte geleitet. Für den Leser musste ich es zunächst fälschlicherweise mit „V" schreiben, um nicht schon zu Beginn die Pointe zu verraten.

Mein Vetter ist immer dabei

Wenn **ich** auf eine Bühne kletter,
dann ist er stets dabei, mein Vetter.
Bei jedem Vortrag, auch beim Lesen,
nie bin ich ohne ihn gewesen.

Er ist dabei, um mich zu stärken,
nicht **stets** auf Anhieb zu bemerken.
Ich seh ihn, wenn ich mich entblätter,
es ist mein runder Bauch, mein fetter.

Wunschzettel

Ich ließ als Kind 'nen Drachen steigen
mit Weihnachtswünschen oben dran.
Die wollt ich so dem Christkind zeigen,
damit es die auch lesen kann.

Als ging er auf die Himmelsleiter,
der Drache flog vom Boden auf,
dann stieg er höher, immer weiter,
und eine Wolke nahm ihn auf.

Als wollt der Drache mir entfliehen,
nun war der Vogel außer Sicht.
Verzweifelt fing ich an zu ziehen,
„Komm aus der Wolke raus, du Wicht."

Nach endlos quälenden Sekunden
hielt ich den Drachen in der Hand.
Jedoch der Zettel war verschwunden,
die Wünsche zog ich nicht ans Land.

Erst heute kann ich das verstehen,
mein Zettel wurde nicht geklaut.
Den Wünschen konnte nichts geschehen,
sie lagen in der Daten-Cloud.

Die Stewardess gratuliert

Sie reicht dem Käpt'n Dieter Wagner,
der grad ein großes Flugzeug fliegt,
ein Glas mit perlendem Champagner,
ein guter Tropfen, der ihm liegt.

Doch hört sie den Piloten sagen:
„Kein Alkohol, heut kann's nicht gehn.
Ich habe leider meinen Wagen
am Airport in dem Parkhaus stehn."

Datenschutz-Grundverordnung

Jetzt schimpfen alle Polizisten:
„Das war' was wir bisher vermissten."
Sie stoppen jedes Auto schon
weit vor der **Ra**dar-Mess-Station,
um den Erfolg nicht zu gefährden.
Das Foto muss genehmigt werden.

Testaments-Eröffnung

„Du wirst von mir, sollt' ich einst sterben,
noch siebzehntausend Euro erben.
Einen Gedenkstein kauf' dafür."
-
Den kaufte sie beim Juwelier.

Vor der Metzgertheke

Ich kann durch diese Schreibe stieren
und sehe Fleisch von toten Tieren.
Erst Hackfleisch, Gulasch und Filet,
vom Kalb die Leber, Lammkarree.

Dann Schweinespeck, so richtig fett,
rechts Putenbrust und Lammkotelett,
links Rinderhüfte, Ochsenschwanz,
und dann die Keule einer Gans.

Doch wie tief kann ein Metzger sinken?
Daneben prangt ein Bauernschinken.

Karrieresprung

Er war ein viel zu kleines Licht,
Entscheidungsfreiraum gab es nicht.
Die Kompetenz war eher klein,
doch träumte er, mal Chef zu sein.

Nun freut der Mann sich königlich,
hat tausend Leute unter sich.
Er arbeitet seit Anfang Mai
in einer Friedhofsgärtnerei.

Männer in den besten Jahren

Die Haare werden bald gelichtet
und Falten überall gesichtet.
Dann sind die besten Jahre dran.
Er fühlt sich fit, - er ist ein Mann!

Und dieser Mann versucht beizeiten
sein Jagdgebiet noch auszuweiten,
obwohl ganz langsam, unbeirrt
die Munition stets knapper wird.

Mein lieber Schwan

Marie ist eine dumme Gans!
Er ist ein Tölpel, dieser Hans.
Der Mensch hat lauter Eigenschaften
die von den Vögeln an ihm haften.

Ne Habichtnase, die lässt grüßen,
ein Augenpaar mit Krähenfüßen.
Ein Spatzenhirn im Schädel drin,
sich einen zwitschern, Bier und Gin.

Wenn dieser Schluckspecht lange feiert
und später in die Gosse reihert
ist er ein Schmutzfink, wie ich glaube,
und wahrlich keine Ringeltaube.

Gar mancher geht auf Diebesreise,
klaut wie ein Rabe, hat 'ne Meise.
Ist er dann auf der schiefen Bahn,
dann heißt es nur „mein lieber Schwan".

Mein lieber Schwan, Fortsetzung

Er war ein großer Gaunerstar,
ein seltsam' Kauz, und sonderbar.
als schräger Vogel stadtbekannt,
bis dass man ihn erdrosselt fand.

Ob das mir jemand glauben könnte?
Es ist „Gans" wahr, und keine Ente.

Wolf

Ein Wolf soll ungefährlich sein?
Das glaub' ich nicht, da sag ich nein.
Ne ganze Hüfte von 'nem Schwein
riss er in Stücke, kurz und klein.

Ich hab's gesehen, ich stand da,
er gegenüber, und ganz nah.
Was er auch fraß, es wurd zu Brei,
der Fleischwolf in der Metzgerei.

Liebe ohne „R"

Erkältung können Menschen kriegen,
die nackt auf Sand und Wiesen liegen,
und liebend draußen übernachten,
sie sollten folgendes beachten:

Denn die, die draußen sich entfalten
in feuchten Nächten und in kalten,
die lassen besser Vorsicht walten,
beachten Regeln, auch die alten,
die schon vor vielen Jahren galten:
Der Monat soll kein „R" enthalten.

Gauner stellt sich

Er stellte sich der Polizei
hat dann gestanden, war so frei.
Nun muss er sitzen, macht sich rar,
worauf er nicht versessen war.

Dieselskandal

Der Händler lässt mir keine Wahl
mit seinem Diesel-Pfusch-Skandal.
Als Kunde habe ich den Schaden,
drum geh ich wütend in den Laden.

Gibt's in der allergrößten Not
dafür vielleicht ein Tragverbot?
Wann endlich, frage ich entrüstet,
wird diese Hardware nachgerüstet?

Die neue Tasche meiner Frau,
ich bin vor Ärger grün und blau.
Ich will mein Geld zurück, Sie Stiesel,
denn diese Tasche ist von „Diesel".

Brüsten

Sie tat sich mit den Brüsten brüsten
als wir uns an den Küsten küssten.

Beinahe einen ausgegeben

Vor einer guten halben Stunde
bestellte ich beim Wirt 'ne Runde.
„Hey, bringen Sie für alle Bier,
die Rechnung schreiben Sie auf mir."

Kaum hatte ich das ausgesprochen
da kam ein Jüngling namens Jochen.
„Auf mich", so rief er, wie es schien.
„Okay, dann schreiben Sie's auf ihn."

Der Vogel zwischen U und W

Der Vogel hier, um den es geht,
der steht bei uns im Alphabet.
Das stimmt. – Ich weiß es haargenau.
Der zwischen U und W heißt V.

Apfel mit Schale

Vor vielen Jahren, – so der Reim –
ich kam beschwipst und schwankend heim
und wurde hungrig wie ein Bär.
Jetzt musste was zu essen her.

Doch wurde es ein karger Schmaus,
denn nur ein Apfel war im Haus.
Und Vitamin-Experten preisen,
mit Schale soll man ihn verspeisen.

Na gut, - doch war der Rat beschissen,
hab' auf was hartem rumgebissen.
Und **fast** brach mir dabei ein Zahn.
Die Schale war aus Porzellan!

Umfangreiches Buffet

Ich bin Erster, und sogleich
füllt der Teller sich für mich.
Das Buffet ist umfangreich
und am Ende bin's auch ich.

Kopieren vor Jahrzehnten

Ich stand vor Jahrzehnten, genau gesagt vier,
am Kaufhauskopierer mit ganz viel Papier.
Um mich her**um** lautes **Kauf**hausge**schnatt**er
und des Kopierers dezentes Geratter.

Nach sieben Sekunden - womöglich auch acht -
betrat eine Kundin den Raum mit Bedacht,
stellte sich an, um geduldig zu warten.
Sollte ich nicht? Oder sollte ich starten?

Ich gab ihr den Vortritt, drum fragte ich sie:
Sie wollen doch sicher nur eine Kopie?
Doch ihre **Ant**wort, die **war**' nicht zu **fas**sen:
Nein, ich will **nur** etwas **nach**machen **las**sen.

Zur Hochzeit

Hocherfreut gratulieren die Leute:
Schön, dass ihr Seit an Seit seid seit heute.

Veilchen

Das Veilchen weinte hin und wieder,
es schaute furchtbar traurig drein.
Es lag am Straßenrand darnieder,
und es war einsam und allein.

Doch plötzlich stutzte eine Dame.
Sie bückte sich und nahm es auf,
erlöste es von seinem Grame,
und änderte des Schicksals Lauf.

Sie nahm es mit, ums zu verschenken
und lächelte dabei verschmitzt.
Sie musste an den Liebsten denken,
der lang schon im Gefängnis sitzt.

Danach ging sie ins Knast-Gebäude,
ihn zu beschenken, ganz gezielt,
den Liebsten, der dann voller Freude
das Veilchen in den Händen hielt.

Doch was ist davon nur geblieben?
Gefängnisausbruch, über Nacht.
Das Feilchen wurd mit „F" geschrieben.
Fatal, - wer hätte das gedacht.

Harmonische Ehe

Seit wir zwei die Ehe wagten,
gab es niemals Zank und Streit.
Über allen Dingen ragten
Harmonie und Einigkeit.

Grund genug, dass ich drauf poche,
dass nichts scheppert und nichts klirrt.
Dass für uns die zweite Woche
ebenso harmonisch wird.

Gästehandtuch

Vor dem Waschtisch suchend stehste,
siehst ein Handtuch „Nur für Gäste".
Das ist eine schöne Geste.
Wenn dir das nicht reicht, dann gehste.

Fieberthermometer

Uns ging es nicht so gut wie heute,
wir waren damals arme Leute.
Für vieles fehlte uns das Geld,
um Luxus war es schlecht bestellt.

Wir hatten kaum genug zu essen
und nicht mal was zum Fiebermessen.
Und warn wir Kinder einmal krank,
was holte Mutter aus dem Schrank?

Sie nahm für mich und Bruder Peter
das große Einkochthermometer
und schob den Kolben flink und harsch
uns kleinen Kindern in den –
arg unangenehm war das.

Und Fieber wurde erst erkannt,
wenn das auf Mirabellen stand.

Kreuzschmerzen

Im Ostseebadeort Scharbeutz
da wohnt ein Mann, der hat's im Kreuz.
Dem ist der Wunsch zu Kopf gestiegen,
'ne Kreuzfahrt auf Rezept zu kriegen.

Polizeihund

Erschnüffelt hat der Hund, oh je,
'nen Datenstick für USB.
Doch wessen Nase ist so fein?
Das konnte nur ein Bitbull sein.

Küchenmixmaschine

Modernes Kochen geht ganz fix
in einem Vorwerk-Thermomix.
Ich schau' mit gutgelaunter Miene
auf diese Koch- und Mixmaschine.
Die technische Ästhetik spürend,
empfinde ich sie einfach rührend.

Kiss & Ride

Am neuen Bahnhof ists soweit:
Es bleiben zehn Minuten Zeit
zum Parken namens Kiss and Ride,
von Parkgebühren ganz befreit.

Um Missbrauch nicht zu generieren
will man noch weiter investieren,
und Kameras dort installieren,
die diese Parker kontrollieren.

Denn später werden zahlen müssen,
die, die am Ende gar nicht küssen,
denn mancher geht vielleicht nur -
Pistazienkerne kaufen.

Sonntags staubsaugen

Alle Prospekte diesen Vermerk tragen:
Sauge nur sonntags, also VOR WERKtagen.

Beim Ohrenarzt

Seit langem ist er nicht mehr froh,
drum geht Karl-Heinz zum HNO.
Sein Zorn platzt ihm aus allen Poren:
„Hab' ständig Summen in den Ohren."

„Wie äußert sich das denn genau?
Durch Summen gibt's im Ohr Radau?
Hm, oder auf subtile Weise,
als Dauerton, dezent und leise?"

Viel Fragen stellt der HNO,
Kommt Friedrich Merz, dann klingt das so:
Man hört den Arzt nur leise brummen,
„Herr Merz, wie hoch sind diese Summen?"

Handysucht

Es ist die reine Handysucht
wenn jemand stets sein Handy sucht.

Ostfriesischer Landwirt

Er kauft sich neues Rindvieh ein,
jedoch er will kein Rindvieh sein,
drum überlegt er, welche Rasse,
er will nur Kühe erster Klasse.

Drum braucht er trotz Ostfriesen-Grips
noch eine Menge guter Tipps.
Und wo bekommt der Landwirt die?
In jeder großen Drogerie.

Und Rossmann lag noch nie daneben.
Dort soll's die besten Kuh-Tipps geben.

Blondinen

Lasst euch nicht täuschen von Blondinen,
oft sind sie anders, als sie schienen.
Es bricht hervor, nach kurzer Zeit,
das Dunkel der Vergangenheit,

Da ist der Wurm drin

Die Amsel ist darauf versessen,
am liebsten will sie Würmer fressen.
Sie braucht nicht Messer und nicht Gabel
und hält den Wurm direkt im Schnabel.

Und nichts kann sie dabei erschüttern,
die Brut mit diesem Wurm zu füttern.
Die Menschen bleiben gerne stehen,
um sich das Schauspiel anzusehen.

Wo bleibt das Mitleid, liebe Leute?
Gedenkt ihr auch der andren Seite,
von Herzeleid getriebenen,
des Wurmes Hinterbliebenen?

Vielleicht war dieser Wurm, der schöne,
der jüngste ihrer vierzehn Söhne.
Die Würmin ist total daneben,
das hat sie arg gewurmt im Leben.

Nachdenklich im Zoo

Durchs Gitter sieht man Menschenaffen,
die ihrerseits auf Menschen gaffen.
Gefangen hinter Schloss und Riegel.
Hm, oder ist da nur ein Spiegel?

Und wer steht vor, wer hinter Gittern?
Und wer soll wen dadurch nicht füttern?
Denn ob ich glücklich oder leidend,
die Perspektive ist entscheidend.

Klappentext

Ein Buch hat hinten eine Klappe,
aus dünner oder dicker Pappe.
Bevor Du tief im Buche steckst,
lies besser erst den Klappentext.
Doch lasse Vor- und Rücksicht walten,
beim Lesen stets die Klappe halten.

Wildschweinbraten

Physikstudenten gehn dinieren,
die Abschlussprüfung ist geschafft,
sich kulinarisch amüsieren
mit Wildschwein und mit Gerstensaft.

Der Ablauf ist heut ungewöhnlich,
der Braten wird nicht nur serviert.
Er wird vom Chefkoch höchstpersönlich
auf einer Platte präsentiert.

Nun fängt die Nase an zu jucken,
vor Angstschweiß kriegt er weiche Knie
Die Nasenflügel beben, zucken.
Und plötzlich bricht es los: HATSCHI!

Des Chefkochs Hand gerät ins Wanken,
hält das Tablett bedrohlich schief.
Es scheint, als gäb es keine Schranken,
er reagiert nur instinktiv.

Wildschweinbraten, Fortsetzung

Der Mann versucht, es auszugleichen,
schwankt hin und her, doch alles rutscht.
Nein, nichts mehr kann er jetzt erreichen,
der Braten auf den Boden flutscht.

Dann wird's vom Boden aufgelesen,
die Meute steht herum und gafft.
Doch wer ist daran schuld gewesen?
Es war die Erdanziehungskraft.

Das beste Netz

Bei uns hat, so wie ich das schätz,
nur einer stets das beste Netz.
Sie profitieren wo davo(o)n?
In Bremerhaven, lange schon
baut Firma Engel Netze dort,
der Fischfang-Spezialist vor Ort.

Gespräch unter Trinkern

„Nach dreizehn Bier sagt mir mein Grips:
Du hast schon einen Riesenschwips.
Am besten ist's, du gehst nach Haus,
du siehst schon ganz verschwommen aus."

Autokino

Im Autokino vor den Toren
da ist zuletzt ein Mann erfroren.
Der Mann, der wollte ins Kino gehen,
den Film „Im Winter geschlossen" sehen.

Gemenscht

Recht seltsam folgt die Sprache Regeln,
bei Menschen sagt man gern "sie vögeln".
Doch wenn die Vögel gleiches tun,
heißt's dann gemenscht? Was sagst du nun?

Mobilfunklöcher

Ich glaub, ich falle gleich vom Hocker,
die Politik mach Gelder locker.
Investitionen sich ergießen,
das letzte Funkloch soll sich schließen.

Doch was ist mit den Angestellten,
für die Bereitschaftspflichten gelten?
Der Chef sitzt ihnen stets im Nacken,
ob sie grad essen oder Kak-tus gießen.

Und auch geplagte Ehegatten,
die brauchen manchmal Funklochschatten.
Wo ich grad bin? – Du, meine Güte.
Ich hör nichts mehr. – Hey, hallo, – bitte?

Auch, wenn wir gerne keines hätten.
ein Funkloch kann dich manchmal retten.

Junges Reh in der Kita

Die Ricke legt ihr Junges ab
auf einen Kindersitz.
Dort steht geschrieben kurz und knapp:
„Der Platz ist nur für Kitz."

Schwarzer Rasierer

Den Rasierer anzuschau'n,
das macht mich ganz verwirrt.
Vorne steht geschrieben „Braun",
doch wer das glaubt, der irrt.

Kleiderbügel

Mein neues Hemd, es spannt und drückt
auf meine Schulter, wie verrückt.
Ich bin es leid, und bleib dabei:
In Zukunft nur noch bügelfrei!

Personalausweis

Mit knappen achtzehn Lebensjahren
war ich noch schüchtern, unerfahren,
und hatte nur, zu meinem Frust,
ein einzig Haar auf meiner Brust.

Ich machte mir sehr viel daraus,
die andren Jungs sahn älter aus.
Die zahlten an den Kinokassen
und gingen unter in den Massen.

Bei mir war der Kassierer eigen.
Ich musste stets den Ausweis zeigen.
Da half kein betteln, keine Tricks,
bei mir lief ohne Ausweis nix.

Nun endlich bin ich davon frei,
die alten Zeiten sind vorbei.
Ich brauch mich nicht mehr aufzureiben,
mein Ausweis kann zu Hause bleiben.

Denn gestern Abend wollt' ich speisen,
und, ohne mich dort auszuweisen
im Restaurant zum Rathauskeller
bekam ich 'nen Seniorenteller.

Aufgesessen

Es ist ein Novembertag, einer der trüben,
im Außendienstwagen um viertel nach sieben.
Vertrieb elektronischer Bauelemente.
Noch fünfeinhalb Jahre, erst dann gibt es Rente.

Die Sauerlandtour meiner heutigen Ziele,
beginnt an der Volme im schönen Schalksmühle.
Besuch einer Werkstatt um achtfünfunddreißig,
Gespräch mit dem Leiter bei Firma Kurt Fleißig.

Vom Wuppertal geht es nach Lennep und Rade,
und weiter nach Halver, es regnet, wie schade.
Zuhause gabs Kaffee, ich ließ mich verführen,
doch diesen bekomm ich allmählich zu spüren.

Da kommt eine Tankstelle. Sollte ich halten?
Bei diesem Sauwetter, dem Regen, dem kalten?
Die Tankstelleneinfahrt, die ist so verwinkelt.
Das ist mir zu lästig, hier wird nicht ge-halten.

Aufgesessen, Fortsetzung

„Ihr saublöden Ampeln!" Was ist nur geschehen?
Ich kriege seit**her** nur noch Rotlicht zu sehen.
Und **ei**ner geht fürchterlich mir auf den Wecker,
genau vor mir her, da fährt ständig ein Trecker.

Ne Ewigkeit lang, so vergehen Minuten.
Und **nun** überholen, dann muss ich mich sputen.
Ich fang an zu rasen, so wie ein Berserker.
Die Eile wird größer, mein Drang immer stärker.

Erleichtert nun aufatmend nach dieser Hetze
erreich ich die Firmenbesucher-Park**plät**ze.
Am besten, ich frage die Dame, die nette
zuerst nach dem Weg zur Besuchertoilette.

„Hal**lo**, guten Morgen, Besuch für Herrn Genten,
mein Name ist Clement, RC Componenten.
Doch halt, nicht so eilig, und bitte nicht stutzen.
Ich möchte vorab die Toilette benutzen."

Aufgesessen, Fortsetzung

„Sie müssen da vorne nur <u>rechts</u>herum gehen,"
dann zweite Tür links, ach Sie werden es sehen.
Na endlich! - Jetzt dauert es nur noch 'ne Weile,
ich gehe den Gang lang, ich haste, ich eile.

Walle, walle manche Strecke,
dass zum Zwecke Wasser fließe...
(Nein das war Goethe)

Ich hoff, dass ichs finde und mich nicht blamiere.
Jetzt bin ich am Ziel und ich steh vor der Türe.
Auf dass die Erlösung nun endlich mir winke
ergreife ich kraftvoll und forsch diese Klinke.

Verschlossen! Unmöglich, wo alles sich sammelt.
Ein Vorraum zum Lokus ist niemals verrammelt.
Versuch Nr. zwei, jetzt muss ich mich zügeln.
Wer ist so verrückt, diese Tür zu verriegeln?

Aufgesessen, Fortsetzung

Ich stehe herum und ich weiß nicht mehr weiter.
Die Situation, sie ist wahrlich nicht heiter.
Da kommt ein Kollege, den werde ich fragen,
vielleicht kann er helfen, dazu etwas sagen.

Ich schaue ihn an und ich frage verdrossen:
„Wieso ist die Türe denn zu und verschlossen?"
Sein Mundwinkel zuckt, seine Augen, sie blitzen:

„Das machen wir immer so,
wenn wir drauf **sit**zen."

P.S.
Wie schön für dich, dass du jetzt weißt,
warum die Stadt Schalksmühle heißt.